ÉLOGE

DE

M. DE VATIMESNIL

PRONONCÉ

A LA CONFÉRENCE DES AVOCATS

Le samedi 19 décembre 1863

PAR

M. ALBERT DECRAIS

Avocat à la Cour impériale.

PARIS

PAGNERRE, LIBRAIRE-ÉDITEUR

RUE DE SEINE, 18

1864

ÉLOGE

DE

M. DE VATIMESNIL

PARIS. — IMPRIMERIE DE J. CLAYE

RUE SAINT-BENOIT, 7

ÉLOGE

DE

M. DE VATIMESNIL

PRONONCÉ

A LA CONFÉRENCE DES AVOCATS

Le samedi 19 décembre 1863

PAR

M. ALBERT DECRAIS

Avocat à la Cour impériale.

PARIS

PAGNERRE, LIBRAIRE-ÉDITEUR

RUE DE SEINE, 18

—

1864

Monsieur le Batonnier,

Messieurs et chers Confrères,

Le barreau de Paris a été frappé cruellement en peu d'années ; vous avez vu s'éteindre successivement la forte intelligence de Liouville et le brillant esprit de Bethmont. Quelque temps après, la tombe s'ouvrait pour M. de Vatimesnil, et cette perte inattendue enlevait à notre Ordre un de ses membres les plus distingués et à la France un de ses meilleurs citoyens. En effet, Messieurs, la vie de M. de Vatimesnil n'appartient pas tout entière au barreau ; elle appartient aussi à la politique et à l'histoire. Né en 1789, il a grandi au milieu des crises de la Révolution, il a vu l'Empire et ses établissements. Tour à tour avocat, magistrat, ministre sous la Restauration, il a pris une part glorieuse aux luttes de cette mémorable époque. Obéissant aux plus légitimes scrupules, il est redevenu, en 1830, simple avocat et simple député, et, combattant en plein jour pour les doctrines qui lui étaient chères, il a éprouvé le bienfait des libres institutions du gouvernement de Juillet. En 1848, il est allé s'asseoir sur les bancs laborieux des assemblées républicaines où il apportait l'utile concours de son expérience et de son savoir, et, après avoir protesté contre le coup d'État du 2 décembre 1851, c'est au milieu de vous qu'il a passé les dernières années de sa vie, consacrant à la défense des intérêts privés l'intelligence et l'activité qu'il ne pouvait plus mettre au service de l'intérêt public. Voilà, Messieurs, la longue et belle existence que j'ai à vous raconter aujourd'hui. Elle présente, à travers toutes les vicissitudes qui l'ont marquée, le noble et intéressant spectacle de la grandeur morale unie à l'honnêteté politique. M. de Vatimesnil n'a jamais cessé d'être un partisan déclaré du droit et de la justice, et ses patriotiques tristesses ne l'ont point empêché de regarder la liberté comme la condition essentielle du progrès et l'inévitable loi de la civilisation. On a pu dans le cours de sa carrière ne pas approuver toujours sa marche politique; mais on s'est plu à reconnaître la droiture de ses intentions, la loyauté de ses actes, et il faut s'incliner devant l'attachement invincible et fier qu'il a gardé à sa cause et à ses amis dans la bonne et la mauvaise fortune. Aussi, Messieurs, votre conseil a voulu qu'on rendît hommage à la mémoire de notre éminent confrère. Pour nous, dans un temps où les hommes supérieurs sont si rares, prenons plaisir à

les honorer ; car c'est peut-être en préparer de sem-
blables. Les grands exemples entretiennent les grandes
émulations.

Antoine-François-Henri Lefebvre de Vatimesnil na-
quit à Rouen, le 19 décembre 1789. Il appartenait à
une famille de robe, qui comptait parmi les plus illustres
de la Normandie. Ce qui faisait l'honneur et la juste
influence de ces vieilles familles parlementaires, c'était
la sévérité de leurs mœurs, leur salutaire isolement du
monde, leur attachement à la religion comme aux droits
de l'État, la fermeté des caractères et la droiture des
consciences ; les parlements se sont souvent trompés sur
la nature et l'étendue de leur mission ; ils ont souvent
opposé au pouvoir royal une résistance illégale dans son
principe et funeste dans ses résultats ; mais ils ont pru-
demment tempéré l'autorité des rois, ils ont courageu-
sement subi les disgrâces et les exils, et c'est avec une
entière indépendance et une rare sagesse qu'ils ont rendu
pendant quatre siècles une justice impartiale et res-
pectée. Le grand'père du jeune de Vatimesnil avait été
conseiller à la Cour des comptes de Normandie ; son
père était conseiller au Parlement de la même province.
C'était un magistrat intègre, honoré au sein de sa com-
pagnie pour ses vertus et ses lumières, dévoué à la monarchie et partisan des réformes libérales.

Quelque temps avant le mois de mai 1789, il pro-
posa à la noblesse du bailliage de Rouen, dont il faisait
partie, de renoncer à ceux de ses priviléges qui étaient
inhérents à la terre. Ce projet, grâce à l'autorité de celui
qui l'avait éloquemment soutenu, ne fut repoussé qu'à

une majorité de huit voix. Personne ne pouvait prévoir la nuit du 4 août. On n'était pas encore emporté par l'enthousiasme et la vertueuse émulation de réformes que vit éclater cette date immortelle ; et, commandé par la raison, sous l'inspiration d'une calme justice, le sacrifice, même incomplet, qu'offrait M. de Vatimesnil était plus méritoire peut-être que celui qui fut consommé plus tard dans un irrésistible élan de la nation vers l'égalité civile.

Depuis cette époque, et à travers toutes les vicissitudes de nos révolutions, M. de Vatimesnil père, qui avait conservé dans sa retraite un grand renom de sagesse et de fermeté, demeura constamment fidèle à ses principes religieux et politiques ; il s'est montré sous la Restauration inébranlable dans sa fidélité au roi, sa soumission à l'Église, son attachement à la liberté. Il est vrai qu'il ne s'enrôla pas dans le parti appelé libéral, glorieux et imprudent parti s'ouvrant alors et prêtant sa popularité à des hommes qui étaient ses secrets ennemis et qui devaient être ses oppresseurs ; mais de même que dans un autre temps on pouvait n'être point patriote et aimer sa patrie, il était également permis, en 1820, de servir la liberté sans être un *libéral*.

C'est sous les yeux de cet homme si recommandable qu'Henri de Vatimesnil passa les premières années de sa jeunesse. Il avait en outre, auprès de lui, pour cultiver son intelligence et tourner son âme vers les pensées religieuses, un respectable et savant ecclésiastique qui sut prendre sur son élève une grande autorité. C'est ainsi que grandit au fond d'une province celui à qui est con-

sacré ce discours. C'est sous la double influence de son
père et de son précepteur, à une école de mœurs austères et avec des sentiments de solide piété, dans le
respect héréditaire de l'autorité royale et les idées nou-
velles de 89, que se forma la jeunesse et que se décida
la vie d'Henri de Vatimesnil ; et lorsqu'à seize ans il vint
à Paris terminer ses études, il n'hésita point sur les principes qui devaient servir de règle à sa conduite.

La paix de Tilsitt venait d'être signée lorsque Henri
de Vatimesnil arriva à Paris. Le premier consul était
depuis quatre ans empereur ; s'il ne se souciait pas que
la France fût libre, il voulait qu'elle fût puissante et
fortement organisée. « La société est en poussière, avait
coutume de dire le vainqueur d'Austerlitz, il faut laisser
sur le sol des masses de granits. » En 1802, il avait
créé vingt-neuf lycées nationaux propres à former, par
les rudes exercices auxquels étaient soumis les élèves,
des soldats plutôt que des citoyens ; en 1806, il compléta
son œuvre et institua l'Université impériale, glorieux et
utile établissement qui devait donner à la jeunesse des
maîtres savants et dévoués, à la science de beaux génies,
aux lettres de brillants orateurs et d'admirables écrivains,
au pays des hommes d'État et à la liberté des défenseurs.
C'est dans un de ces colléges d'origine récente, sous
l'ingénieux et délicat Luce de Lancival, que le jeune de
Vatimesnil fit sa rhétorique. Il se trouvait ainsi un des
premiers et des meilleurs élèves de cette université dont
il devait être le chef. Ses humanités terminées, il com-
mença de fortes études de droit, vers lesquelles il se
sentait attiré par un goût particulier et comme par des

traditions de famille. Cependant, il n'eut garde de se borner à la science des lois, stérile quand elle est exclusive, si féconde et si belle quand elle est éclairée et fortifiée par de plus vastes connaissances. Provoquée par le premier consul qui la faisait servir à ses secrets desseins, une réaction s'était opérée contre la philosophie incrédule du xviiie siècle. C'était l'époque où Chateaubriand, dans le plus pur éclat de son talent et de sa célébrité, prenait peu à peu sur les idées et les passions de son temps un empire absolu. Son éloquence harmonieuse, cet art infini et si nouveau alors avec lequel il avait décrit les merveilles d'une religion poétique, l'originalité de son apologie, avaient gagné à une cause si brillamment plaidée les esprits les plus graves comme les imaginations les plus vives. De Maistre, avec une violence déclamatoire qui ressemblait quelquefois à du génie, proclamait la supériorité de la foi sur la raison. Un orateur sacré, l'abbé Frayssinous, comprit la portée de ce grand mouvement, les résultats qu'on pouvait attendre de ce réveil religieux. Il comprit aussi qu'ils étaient loin ces temps précieux pour l'Église et illustrés par un Bourdaloue, un Bossuet, un Massillon, où la parole évangélique tombait de la chaire dans des âmes chrétiennes et soumises. D'autres devoirs étaient imposés au prédicateur. Il fallait moins développer les conséquences morales et les préceptes pratiques du christianisme qu'en justifier les principes et les dogmes, parler moins au nom de la tradition qu'au nom de cette philosophie même qui l'avait combattue. Cette tâche si périlleuse et si séduisante qui inquiétait à la fois et

charmait les fidèles, l'abbé Frayssinous était merveil-
leusement fait pour l'entreprendre. C'était un prêtre
recommandable par la sévérité de ses mœurs et l'urbanité de ses manières, un orateur d'une éloquence
abondante, ornée, persuasive, un théologien instruit et
tolérant, et si, par la nature de son enseignement qui
demandait à la raison d'appuyer la foi, il continuait
l'œuvre des Athanase, des Clément d'Alexandrie, des
Origène, des Chrysostome, ces pures lumières de la
primitive Église, il demeurait fidèle aussi par la politesse
de ses mœurs et la forte culture de son esprit aux plus
brillantes traditions du clergé de France.

Autour de sa chaire se pressait un auditoire nombreux et varié. L'élégante simplicité de sa parole, le
charme d'une figure pleine de noblesse et de bonté lui
avaient conquis les sympathies des femmes ; les hommes
trouvaient dans ses doctrines de graves sujets de réflexion, et les jeunes gens au milieu des plus ardentes
controverses une direction à leur enthousiasme.

Henri de Vatimesnil suivait avec un vif intérêt les
conférences de l'abbé Frayssinous. Elles satisfaisaient
sa conscience et sa raison, elles fortifiaient les premières leçons de son enfance et plaisaient aux inspirations de sa généreuse nature. Il y rencontrait d'ailleurs
un certain nombre de jeunes gens avec lesquels il s'était
lié, M. de Broé, M. Hardouin, M. H. Ravignan et
celui-là même que nous avons coutume de considérer
comme l'honneur de notre ordre, M. Antoine Berryer.
Chose vraiment digne de remarque! ces jeunes hommes
inconnus alors les uns aux autres, que l'éloquence d'un

prédicateur célèbre avait réunis sous les voûtes de Saint-Sulpice, devaient se retrouver plus tard, au sein des luttes politiques, dévoués aux mêmes principes, fidèles aux mêmes amitiés, associés aux mêmes regrets et aux mêmes espérances !

Henri de Vatimesnil avait fait de sérieuses études, il avait beaucoup réfléchi, il ne s'était point laissé éblouir par la gloire militaire. Son grand sens avait compris les mérites de la liberté ; il avait acquis des amitiés durables ; il s'engageait résolûment dans la voie qu'il ne devait plus abandonner, et, en 1810, lorsqu'il fut reçu avocat, c'était déjà un homme que la gravité précoce de sa raison, l'ardente sincérité de ses convictions rendaient éminemment propre aux fonctions difficiles qu'il allait exercer.

Ses succès furent brillants et rapides. Sa connaissance déjà profonde des principes de notre droit, la sûreté de son jugement, les ardeurs de sa jeune éloquence, le recommandèrent à l'attention de ses confrères comme de ses juges. Cette réputation naissante, si flatteuse pour son amour-propre, ne fut pas inutile à ses intérêts. Il y avait alors, auprès des Cours impériales, une charge qui n'existe plus aujourd'hui, celle des conseillers-auditeurs. C'étaient des magistrats, jeunes pour la plupart, choisis par la Cour parmi les plus dignes et nommés par le garde des sceaux ; ils assistaient aux audiences, non pas en inutiles spectateurs, mais pour donner leur avis ou même délibérer. Ils devaient suivre les débats avec intérêt, se mêler respectueusement aux graves discussions de la Chambre du Conseil, porter quelquefois la parole à la place des avocats généraux, s'accoutumer enfin par une sorte d'apprentissage à devenir plus tard de parfaits conseillers. Deux années de stage avaient suffi à Vatimesnil pour se faire honorablement connaître ; la Cour l'avait remarqué, elle voulut se l'attacher ; le Grand Juge n'y mit point obstacle, et ce ne fut pas sans surprise que le plaideur put voir le sort de ses affaires les plus importantes confié en partie à la sagesse d'un conseiller de vingt-trois ans. D'ailleurs cette dignité très-enviée était aussi très-laborieuse. Dans l'impétuosité de son zèle et en homme habile qu'il était, le nouveau conseiller-auditeur saisissait toutes les occasions de montrer son savoir et de faire preuve d'intelligence. Il parlait beaucoup, et comme il savait à la fois bien parler et bien écouter, soumettre à propos ses conseils à ceux de ses dignes collègues, il en était tout ensemble aimé pour sa modestie et estimé pour son talent. Tout lui présageait donc un heureux avenir même en dehors des événements qui devaient le porter coup sur coup aux fonctions les plus élevées de la magistrature et de la politique.

Succombant à l'excès de ses entreprises, brisé par deux chutes éclatantes, l'Empire venait de finir. Le retour des Bourbons fut accueilli par M. de Vatimesnil avec enthousiasme. Qui pourrait s'en étonner ? Les opinions politiques les plus fermes sont celles que l'éducation inspire et que la raison approuve. Il avait appris dès son enfance à regarder la race royale des Bourbons comme appelée par Dieu à présider aux destinées de la France, et il voyait monter sur le

trône de ses pères le représentant légitime de cette
illustre famille ; il était sincèrement attaché à la foi
catholique et il savait que sa religion serait protégée et
honorée par un fils de saint Louis ; il voulait enfin la
liberté pour son pays, et Louis XVIII revenait de l'exil
avec une charte qui garantissait à la nation les principes
généraux de 89, qui était un gage de réconciliation
entre le peuple et son roi, et que celui-ci avait juré de
fidèlement observer. Aussi n'hésita-t-il point à donner
à la monarchie constitutionnelle un concours efficace et
qui fut récompensé. Il fut nommé en 1815 au poste
brillant de substitut du procureur du roi près le tribunal de la Seine, et, trois ans plus tard, il entrait au
parquet de la Cour en qualité de substitut du Procureur
Général. Il n'avait pas trente ans.

Ici, Messieurs, commence pour M. de Vatimesnil
une vie noblement agitée, marquée par une série de
revers et de triomphes, fertile en émotions généreuses
et en travaux incessants, constamment inquiète et exci-
tée, la vie enfin d'un homme politique sous un gouvernement libre. Le parquet, dont il faisait partie, a laissé
dans l'histoire des traces profondes. Composé d'hommes
supérieurs, il prenait part avec une infatigable activité
à ces graves procès qui se transformaient bientôt en
événements considérables ; chaque jour la presse com-
paraissait à la barre de l'opinion publique représentée
par le jury ; chaque débat amenait entre les avocats
généraux et les défenseurs la discussion passionnée des
plus hautes questions politiques ; chaque discussion de
ce genre, rapidement portée à la connaissance du pays,

sollicitait sa curiosité sans troubler son repos ni lui causer d'alarmes.

J'ai dit que les collèguesde M. de Vatimesnil étaient
des hommes d'un sérieux mérite ; c'était en effet Bel-
lart, le procureur général, ancien avocat de grande réputation et en disgrâce sous l'empire, royaliste ardent
et un peu maladroit par l'excès d'un zèle parfaitement
sincère, orateur pathétique, entraînant, frappant fort et
avec éclat, s'il ne frappait pas toujours juste ; de Broé,
moins brillant, mais naturellement grave avec quelque
roideur et solennel dans son élévation, jurisconsulte
éminent d'ailleurs, et cruellement puni par Courier d'a-
voir osé porter la parole contre lui ; Marchangy, l'auteur,
hélas ! de la *Gaule poétique*, dont le prétentieux esprit
ne manquait cependant ni de facilité ni de vigueur.

C'est un étrange effet, Messieurs, que celui qui est
produit sur nous par l'éloquence de ce temps-là. Le
dirai-je ? Au premier abord, plaidoyers et réquisitoires
semblent illisibles. Quoi ! c'est là ce que nos pères ont
admiré ? Cette rhétorique puérile et surannée a pu être
applaudie ? On a confondu à ce point l'exagération avec
la force, l'afféterie avec l'élégance, le ridicule avec le
sublime ? On a toléré qu'elle s'altérât ainsi, cette langue
française, si belle dans sa simplicité, régulière et hardie
à la fois, si souple qu'elle se prête dans l'infinie variété
de ses ressources aux talents les plus divers ? Qui ne se
rappelle alors l'incomparable raillerie de Courier, si dur
contre M. Jean de Broé, et si dédaigneux pour la prose
de notre Berville. Cette dureté et ce dédain sont pourtant
de l'injustice pour l'un et de l'ingratitude pour l'autre.

Ces formes vieillies et de convention, acceptées d'ailleurs sans murmure par un auditoire qui se plaisait au style de la tragédie mourante, oublions-les pour ne nous souvenir que de la science habile et de la dialectique ingénieuse qu'elles recouvrent. Ne perdons pas de vue les nécessités de l'audience inconnues à quiconque se renferme dans le culte des lettres pures. Songeons à l'imposante majesté du spectacle ; rendons au procès la gravité qu'il a probablement perdue, à la foule les sentiments dont elle était animée ; épousons, nous aussi, les anciennes querelles ; crions pour un instant vive le Roi ou vive la Ligue ; il est possible qu'ainsi préparés et dans un milieu différent du nôtre nous comprenions mieux ce qui nous échappe aujourd'hui ; ces discours décolorés reprendront quelque vie, leurs beautés nous deviendront plus sensibles que leurs défauts, et notre jugement sera plus équitable, parce qu'il aura été mieux éclairé.

M. de Vatimesnil apportait à ce parquet courageux et éloquent un précieux concours. Ses opinions monarchiques étaient connues. Le gouvernement s'inquiétait beaucoup alors des sentiments religieux de ceux qui étaient appelés à le défendre. Le nouvel avocat général avait donné des gages d'une solide piété ; l'éducation qu'il avait reçue, le soin qu'il avait mis à conformer ses actes à ses discours en garantissaient la sincérité. Ajoutons que le jeune magistrat, si agréable au pouvoir, lui était éminemment utile. Il était laborieux, désireux de justifier son rapide avancement, et la lutte ne l'effrayait pas. Une forte modération dans les idées et de l'entrain dans

le tempérament, une connaissance exacte des textes de
la loi et de leur esprit, une argumentation un peu lourde
peut-être, mais pressante, vigoureuse, savante, dans le
tissu serré de laquelle il exposait avec clarté, classait
avec méthode, discutait avec habileté, résumait avec
puissance, voilà les qualités qu'il déployait chaque jour
dans l'exercice de ses fonctions; on lui faisait l'honneur
de reproduire dans le *Moniteur* ses principaux réquisitoires. « Votre talent, lui disait un jour un président
de Cour d'assises, m'a rappelé les plus beaux jours du
Parlement... » Sa parole, qui n'atteignait pas les hau-
teurs de l'éloquence et n'était même ni spirituelle ni ornée,
avait, à cette époque surtout, une vivacité juvénile et un
peu âpre qui excitait ses adversaires et des ressources
soudaines qui les déconcertaient. Sa réputation grandis-
sait avec ses succès. En 1821, il était nommé substitut
du procureur général à la Cour des pairs. Les occasions ne lui manquaient pas de figurer dans les affaires
les plus graves, et il eut un véritable triomphe dans l'im-
mense procès qui suivit la conspiration du 20 juin.

Le ministre de la Justice était alors M. de Peyron-
net. Frappé du talent que le jeune magistrat déployait
dans ces luttes, il le nomma secrétaire général de son
ministère.

Mais si habile qu'eût été l'administration de M. de
Vatimesnil, il regrettait sa robe d'avocat général. Le
ministère Villèle était profondément impopulaire. Son
chef était sans doute un homme d'État supérieur et un
honnête homme, mais à qui l'histoire reprochera d'avoir
gouverné pendant sept ans pour le compte d'un parti,

d'avoir attaqué les institutions les plus chères à son pays et à son temps, moins pour donner satisfaction à ses propres idées que pour plaire à ses amis. M. de Vatimesnil n'était pas toujours d'accord avec le garde des sceaux; la suite a montré qu'il désapprouvait la marche politique du cabinet. Aussi c'est avec empressement qu'il accueillit la double ordonnance qui ne l'enlevait pas à l'administration en le nommant conseiller d'État en service extraordinaire et qui l'appelait en qualité d'avocat général à la Cour de Cassation.

Si je n'étais pressé par le temps, Messieurs, si la vie que j'ai à vous raconter était plus unie et traversée par moins de crises, je m'arrêterais avec plaisir sur cette phase de l'existence de M. de Vatimesnil. Ses espérances les plus hautes étaient réalisées; le bonheur ne l'avait pas un instant abandonné; on voyait sa rapide élévation sans envie, parce qu'elle avait été obtenue sans intrigue. Il méritait que M. le premier président de Sèze, en le recevant, lui adressât ces flatteuses paroles : « Vous êtes élevé, Monsieur, à d'éminentes fonc- « tions, à un âge où tant d'autres sont encore loin de « fixer les regards publics; mais vos talents ont fait « oublier votre jeunesse... » C'est dans les quatre années qu'il passa à la Cour de Cassation, éloigné momentanément de la politique et dans une sphère plus sereine, que M. de Vatimesnil acquit la célébrité la plus pure et rencontra peut-être le bonheur le plus vrai. Il avait toujours eu pour l'étude du droit un goût très-vif et des aptitudes particulières. Il ne se contentait pas de la connaissance des textes; son esprit ferme et vigoureux

se pénétrait de leur philosophie. Il remontait presque
toujours aux sources de nos lois, et aux lumières du
jurisconsulte il joignait l'habileté du praticien. Il excel-
lait à débarrasser le point de droit des inutilités qui
pouvaient l'obscurcir, à enchaîner les conséquences aux
principes avec une irrésistible logique, à éclairer les
textes les uns par les autres, à porter dans les inextri-
cables difficultés d'une affaire l'ordre et la clarté; et la
Cour qui entendait tous les jours Nicod, Odilon Barrot,
Henrion de Pansey et qui avait entendu Merlin, écoutait
son jeune avocat général avec un bienveillant intérêt et
non sans profit pour ses décisions. C'est ainsi que M. de
Vatimesnil concourait avec honneur aux lumineux arrêts que rendait la plus haute justice du royaume.

De graves événements allaient l'arracher à ces calmes
et austères fonctions. Ici, Messieurs, je touche, en sui-
vant pas à pas la carrière de M. de Vatimesnil, à des
questions de l'intérêt le plus élevé. J'aborde la période
de son existence qui appartient à l'histoire et à la politique. Son nom a été entouré tout à coup d'une éclatante célébrité. Il a été ministre à un de ces moments
solennels où l'existence d'un gouvernement est en jeu;
certes, il y avait du courage à prendre devant les serviteurs défiants de la monarchie l'engagement de la sauver,
et devant les intrépides défenseurs de la Charte celui
de respecter ce précieux dépôt des libertés nationales.

Perdant le souvenir de ses catastrophes récentes,
la Restauration s'abandonnait sans mesure à la direction inintelligente de ses plus passionnés partisans qui
la menaient à sa ruine. Quel vertige s'était emparé de

ce cabinet qui prépara pendant cinq ans la chute de la monarchie? La nation n'avait pu voir sans frémir M. de Villèle et ses collègues attaquer partout la Révolution, vicier au profit de l'aristocratie les lois électorales, asservir la presse par la censure, la poursuivre non-seulement dans ses délits, mais jusque dans ses tendances, braver l'opinion publique en favorisant les progrès de la congrégation, proposer le rétablissement du droit d'aînesse, mêler le spirituel au temporel dans une loi sur le sacrilége qui rappelait le moyen âge par l'excessive rigueur de ses pénalités. Mais c'est une justice à rendre à ce ministère présidé par un homme supérieur : il était honnête. Les élections étaient libres. La France, interrogée avec inquiétude, répondit avec franchise. Les ministres durent se retirer. Le roi appela dans ses conseils des hommes nouveaux chargés de réparer l'œuvre de leurs imprudents prédécesseurs.

Quand d'un esprit impartial, sous la seule impression des regrets que peut causer la perte des institutions parlementaires, on arrive, à travers les épisodes si émouvants de la Restauration, à ce groupe d'hommes qui ont formé le ministère Martignac, on ne peut se défendre d'un profond respect pour leur entreprise et d'une vive sympathie pour leurs personnes. Sans autorité auprès de Charles X qui regrettait Villèle et songeait à Polignac, ils n'avaient pas grand crédit dans les Chambres ; accusés par la droite de diminuer les prérogatives de la Couronne, soutenus mollement par la gauche libérale qui contenait dans son sein des ambitions qu'elle ignorait, ils devaient succomber, parce qu'ils étaient

modérés et raisonnables, sous l'assaut de toutes les
passions du moment. Cruelle situation de sentir la
grandeur du péril et son impuissance à le conjurer! Ce
fut pourtant avec un rare patriotisme qu'ils s'efforcèrent
d'éloigner la crise fatale où, pour sauver la liberté anéan-
tie par un coup d'État, une révolution allait abattre un
trône.

Pendant les deux courtes années que dura le ministère nouveau, la France, si prompte à renaître à
l'espoir, pour peu qu'on l'y aide, reprit de la confiance
et sut gré à son souverain d'avoir entendu ses vœux.
Un des membres du cabinet, celui qui le dirigeait et lui
a donné son nom, s'était rendu promptement populaire.
Ancien avocat à Bordeaux, M. de Martignac avait l'a-
vantage d'être jeune et sans passé compromettant. C'était
un esprit généreux, ouvert à toutes les idées libérales,
plein de mesure et de fermeté. Son intelligence était
étendue plutôt que profonde, et l'instinct qu'il avait des
choses politiques suppléait à son défaut d'expérience. Il
apportait dans les discussions une bonne foi admirable
qui était presque de la candeur, une prudence extrême,
l'art difficile de ne blesser personne et d'obtenir pour ses
convictions le respect qu'il portait à celles des autres.
Son éloquence était naturelle et coulait de source; il
exposait avec une clarté limpide, saisissait tout d'abord
l'attention sans la lasser jamais. C'était un jeu pour lui
que de se faire écouter de l'assemblée la plus distraite et
la plus bruyante. Tais-toi, sirène, lui disait un jour
Dupont de l'Eure, impatienté et charmé par un de ses
discours et tremblant qu'il n'enchantât la Chambre. Son

organe était harmonieux, irrésistible, ses manières pleines de grâce et d'urbanité, et par une heureuse rencontre des dons les plus séduisants de la nature, cet homme de tribune était un grand seigneur achevé. Ah ! certes, Messieurs, avec un pareil guide le Ministère sauvait la Restauration, si la Restauration pouvait être sauvée. Mais comme le dit Bossuet dans un langage qui n'appartient qu'à lui : « Ceux qui gouvernent font toujours plus ou « moins qu'ils ne pensent : ni ils ne sont les maîtres des « dispositions que les siècles passés ont mises dans les « affaires, ni ils ne peuvent prévoir le cours que prendra « l'avenir, loin qu'ils puissent le forcer. »

Le premier acte du cabinet à peine constitué fut très-significatif, marqua nettement sa ligne de conduite et réjouit les libéraux. L'instruction publique fut séparée des cultes. M. Feutrier, évêque de Beauvais, prit les affaires ecclésiastiques. C'était un choix heureux. Sa forte modération était bien connue de la bourgeoisie à laquelle ne déplaisait pas un nom modeste et de bonne roture. Mais à qui donnerait-on l'autre portefeuille? C'était une question d'autant plus intéressante qu'on avait vaguement parlé de Chateaubriand. On fut surpris et, je dois le dire, un peu inquiet de l'arrivée de M. de Vatimesnil aux affaires. Personne ne contestait son éloquence ; mais cette éloquence même l'avait rendu suspect. Elle avait été assez éclatante pour qu'on se rappelât le rôle qu'il avait joué dans les procès de presse. On ne voyait en lui que l'adversaire des écrivains, libéraux ou non, qui avaient comparu à la Cour d'assises. L'ardeur de la lutte l'avait quelquefois emporté un peu loin et ses opinions religieuses et politiques ne passaient pas précisément pour être modérées. Charles X n'avait pas vu, au contraire, sans un secret contentement, l'entrée du jeune magistrat au Conseil, et M. de Vatimesnil plaisait au roi par les raisons qui l'avaient compromis auprès des libéraux. Pour lui, ce n'était pas sans hésitation qu'il avait abandonné la magistrature pour la politique ; mais la conviction où il était que la monarchie avait un besoin indispensable de serviteurs royalistes et constitutionnels, la parfaite estime qu'il portait à ses futurs collègues et cet invincible attrait qu'a le pouvoir, quand on se croit capable d'en faire usage pour le bien de tous et avec quelque honneur pour son nom, triomphèrent de ses longues irrésolutions, et il accepta, avec la simarre de Grand Maître de l'Université, le portefeuille de l'Instruction publique.

On attendait beaucoup du nouveau ministère ; ce qu'on lui demandait surtout, c'était de réformer les nombreux abus qu'avait engendrés une tolérance voisine de la complicité. De tous ceux contre lesquels s'élevait chaque jour l'opinion publique, le plus criant, celui qui devait avant tous les autres attirer l'attention du gouvernement, c'était l'envahissement des priviléges de l'université par les petits séminaires. Ces établissements avaient été créés par Louis XVIII avec beaucoup de prudence et dans une intention très-louable. Recevoir uniquement les jeunes gens qui se destinaient à l'état ecclésiastique, leur donner, loin du monde et dans une pure atmosphère de piété, une solide et chrétienne éducation, cultiver les dispositions de leur âme qui les ap-

pelaient au service de Dieu et de l'Église, les préparer
aux études plus savantes des grands séminaires, voilà
la mission exclusive, mais très-noble, qui leur avait été
donnée. Elle ne suffisait pas cependant à leur ambition
tout de suite éveillée et ils ne tardèrent pas à dépasser le
cercle de leurs attributions. Ils acceptèrent toute espèce
d'élèves, ceux qui avaient l'intention d'être prêtres,
comme ceux qui se promettaient de ne jamais porter la
soutane. Ce n'étaient plus, dès lors, de simples écoles
religieuses ; c'étaient aussi des écoles laïques et privées,
irrégulièrement constituées. Bien plus, huit maisons
particulières qui se passaient d'autorisation sous couleur
qu'elles étaient des petits séminaires, avaient un nombre
considérable d'élèves dont pas un n'était lévite ; et personne n'ignorait que les pères jésuites dirigeaient douce-
ment et sans bruit ces colléges clandestins.

Jusque-là l'Université avait fermé les yeux. Mais
qu'allait faire le nouveau cabinet ? Une lettre du ministre
de l'Instruction publique le fit pressentir. « Dans toutes
« les administrations, disait M. de Vatimesnil, *mais sur-*
« *tout dans celle dont je suis chargé,* il est nécessaire de
« maintenir *l'ordre légal.* Je compte m'y attacher en
« tous points et sans restriction. » Cette circulaire,
diversement accueillie, causa une vive émotion. Il est
clair qu'elle ne pouvait pas être du goût de tout le
monde. En tous cas, elle ne laissait aucun doute sur les
desseins du gouvernement. En effet, disons tout de suite
que les ministres s'étaient mis promptement d'accord sur
les mesures qu'il y avait à prendre. La grande difficulté,
c'était d'obtenir le consentement de Charles X. Le roi

était assurément le monarque le plus chrétien de l'Europe et on n'aurait peut-être pas trouvé en France un catholique plus humblement soumis aux lois de l'Église. Les ordonnances qu'on proposait à son approbation étaient faites pour troubler profondément sa conscience. Il hésita, demanda du temps et de la réflexion, et un douloureux combat se livra dans son âme. Il ne voulait pas dans sa parfaite loyauté entraver dès le début la marche de son ministère et il était affligé, presque effrayé d'entrer en lutte avec l'Église et ses meilleurs amis; mais Charles X ne savait pas résister aux désirs de ceux qui l'entouraient, surtout quand ils étaient exprimés sous une forme pressante et respectueuse, et M. de Martignac avait mis un art extrême à écarter ses objections, à calmer ses scrupules et à le convertir sans brusquerie aux sentiments qu'il voulait lui inspirer. Le roi interrogea Vatimesnil, le religieux Portalis, et ceux-ci achevèrent de le décider. « Signez, Sire, » lui disait avec une noble fermeté M. Feutrier; et, pendant que le roi mettait son nom au bas des ordonnances, le courageux évêque, en lui assurant qu'il rendait un vrai service à la religion, se montrait plus laïque et plus indépendant que son souverain.

Elles parurent enfin, le 16 juin, ces ordonnances qu'on attendait depuis quatre mois avec impatience. Voici leurs principales dispositions : Les maisons des jésuites étaient fermées et recevaient la défense d'enseigner. Des précautions étaient prises pour que les petits séminaires, transformés peu à peu en écoles laïques, fussent appelés désormais à ne former que des prêtres, selon leur véritable destination. Le roi, en même temps qu'il limitait le nombre de leurs élèves, les dotait généreusement de huit mille bourses.

Tout ce qu'il y avait d'hommes modérés en France accueillit ces mesures avec une satisfaction complète. En revanche, les royalistes exaltés, une grande partie du clergé et les membres de la congrégation se plaignirent avec amertume ou protestèrent avec violence. Les ministres se virent en butte à toutes sortes d'injures. C'étaient des révolutionnaires, des renégats, des persécuteurs. La passion oublia même le respect qui était dû à la personne du roi. Ces temps sont bien loin de nous, Messieurs ; nous avons vu depuis d'autres ordonnances, et quelles ordonnances ! Eh bien ! l'émotion causée en 1828 par celles dont je parle n'est pas encore éteinte dans bien des cœurs, et un des amis de M. de Vatimesnil (1) racontant la vie et la mort de cet homme de bien, les lui reprochait avec une éloquente douleur comme une faiblesse à peine expiée par un inaltérable dévouement à l'Église.

Pour moi, Messieurs, je n'éprouve aucun embarras à dire sur ce sujet le fond de ma pensée. Les ordonnances de 1828 me semblent avoir été inspirées par la plus sage politique. M. de Vatimesnil, à la tribune, les avait justifiées d'un mot : « Elles ont fait rentrer les choses, disait-il, dans l'exécution des lois : voilà le degré d'attention qu'elles méritaient, et je crois qu'elles méritaient aussi de la reconnaissance. » La Chambre, en

____

1. H. de Rianccy, *Union,* 17 décembre 1860.

effet, n'ayant pas aboli les priviléges de l'Université, il fallait qu'ils fussent maintenus avec fermeté; une ordonnance royale ayant été violée, il fallait que cette violation fût sévèrement réprimée. Les ministres d'ailleurs, en agissant dans l'intérêt des lois, agissaient aussi dans l'intérêt de la royauté. Ils espéraient, par des mesures populaires, lui ramener la confiance du pays, persuader à la France que les Bourbons, qui n'avaient relevé pendant des siècles que de Dieu et de leur épée, s'inclinaient devant les principes nouveaux du droit constitutionnel; contenir aussi cette monarchie qui, entraînée par le souvenir de ses anciennes splendeurs, courait chaque jour à sa ruine pour vouloir augmenter ses prérogatives. C'était une œuvre sincèrement patriotique, Messieurs; oui, M. de Vatimesnil avait raison. Les ordonnances de 1828, loin de provoquer tant d'imprudentes colères, « méritaient de la reconnaissance ». Voilà ce que ne voulaient pas comprendre alors les amis passionnés de la Restauration, et, ce qui m'étonne profondément, c'est qu'instruits soudainement par les événements qui ont suivi, ils ne soient aujourd'hui ni plus modérés ni plus justes.

Au milieu de ces agitations, le ministère poursuivait son œuvre de réparation et d'apaisement. Sa politique était libérale au dehors avec générosité; il affermissait au dedans l'ordre légal avec prévoyance; il envoyait nos soldats et nos savants en Grèce; il présentait aux Chambres une excellente loi électorale; il délivrait la presse de la censure, des procès de tendance, de la nécessité de l'autorisation préalable. Chaque ministre, dans son

département, secondait les desseins du cabinet. M. de
Vatimesnil, en particulier, donna une vive impulsion à
l'instruction publique, qui avait été singulièrement né-
gligée par son prédécesseur. Ses mesures politiques furent libérales, son administration ferme et éclairée; on
ne saurait trop louer sa modération, parce qu'on lui
avait contesté cette solide qualité de l'esprit. Deux jeunes
professeurs à la parole éloquente, M. Cousin et M. Gui-
zot, l'un racontant l'histoire de la philosophie pour chercher la vérité éparse dans tous les systèmes, l'autre
découvrant dans les origines les plus reculées de la civilisation en France et en Europe les principes du gouvernement représentatif, avaient déplu au ministère Villèle, irrité de la nature et de l'éclat de leur enseignement.
Leurs cours avaient été brutalement fermés; ils furent
rouverts par M. de Vatimesnil. Il était naturel que le
ministre de l'Instruction publique s'occupât avec prédilection des écoles de droit. La chaire de droit adminis-
tratif avait été supprimée; elle fut rétablie. Une chaire
de droit des gens fut créée pour l'étude de ces lois déli-
cates et compliquées qui règlent les rapports des nations
entre elles.

Son activité, déployée dans toutes les parties si intéressantes de son administration, eut partout d'heureux
résultats; s'il ne résolut pas les graves problèmes que
soulève l'instruction publique, il en facilita l'étude par
des améliorations sages, pratiques et durables. Il exa-
mina de près les questions difficiles qui se rattachent à
l'instruction primaire. Il comprit qu'il fallait soustraire
les écoles de village à l'influence exclusive de l'Église

les lier plus fortement à l'Université, pour que leur situation fût en harmonie avec les institutions d'un pays où l'État protége également tous les cultes. Les réformes qu'il introduisit dans les colléges royaux portent le même caractère de modération et d'utilité. Il y en a eu, il y en aura de plus brillantes, de plus hardies, de plus radicales; mais gardons-nous de dédaigner celles qui offrent le mérite de la prudence et l'avantage de la durée. M. de Vatimesnil décida qu'à l'enseignement des langues mortes se joindrait celui des langues vivantes; il lui paraissait indispensable de familiariser les jeunes gens avec l'anglais, l'espagnol, l'allemand, dont l'intelligence était rendue nécessaire par le magnifique essor du commerce, et de leur faire connaître le génie d'un Shakspeare, d'un Calderon, d'un Gœthe, au moment où de grands poëtes allaient chercher dans les littératures étrangères leurs inspirations et leurs modèles. Les sciences historiques reprirent tout leur lustre et la philosophie, autrefois contenue dans un catéchisme scolastique en latin grotesque, fut librement professée dans la langue qu'avaient maniée avec tant de force, de grandeur et de clarté, Pascal, Bossuet et Condillac.

La Restauration n'avait jamais témoigné une grande bienveillance à l'Université, depuis qu'elle n'était plus la fille aînée des rois. En licenciant l'École normale, elle lui avait retiré ce qui était sa force et son honneur, une légion de professeurs, honnêtes, savants, disciplinés, qui lui permettaient de justifier ses priviléges par l'incontestable supériorité de son enseignement. Cette institution, si malheureusement abolie, M. de Vatimesnil la releva.

Il appuyait avec empressement toutes les créations utiles.
C'est ainsi qu'il autorisa la fondation d'une École centrale
des Arts et Métiers, destinée à répandre plus largement
les premiers principes de géométrie, de mécanique,
de physique, de chimie, et, tandis que l'École poly-
technique, exclusivement occupée de science pure et
d'études transcendantes, formait pour l'État des ingé-
nieurs un peu inexpérimentés, mais supérieurement
instruits ; pour les corps spéciaux de l'armée, une élite
de savants officiers, l'École centrale se proposait de
donner aux mines des directeurs intelligents, aux manu-
factures des chefs habiles, à l'industrie, en un mot, des
praticiens consommés.

Loin d'être dominé par le détail des affaires, le
ministre de l'Instruction publique ne perdait pas de vue
la marche générale du cabinet. Il en soutenait la politique avec fermeté. Malheureusement le ministère tou-
chait à sa fin. Pendant qu'il se défendait à la Chambre
contre la gauche et la droite, momentanément réunies
pour se mieux combattre plus tard, il ne rencontrait à
la Cour que des ennemis impatients de le renverser. Le
roi, qui n'avait aucune confiance dans ses conseillers,
cherchait une occasion qui lui permît de s'en séparer
sans se donner les apparences de l'ingratitude ou de la
légèreté. Cette occasion ne se fit pas attendre. La session
de 1829 s'ouvrit par la discussion de deux lois importantes sur l'organisation des départements et des communes. Elles étaient sincèrement libérales, sinon irré-
prochables ; elles pouvaient être critiquées, elles ne
devaient pas être rejetées ; elles le furent cependant par

un amendement qui en bouleversait l'économie. Et
pourtant M. de Martignac, substituant les affaires aux
passions, prodiguant toutes les ressources de son art,
répondant à tout avec une rare souplesse, parlant un
langage clair, élevé, brillant, tour à tour administrateur,
jurisconsulte, homme d'État, s'efforçant de ne point irri-
ter les esprits pour ne pas rendre la lutte désespérée,
s'adressant à ces hommes modérés et raisonnables qui
abondent dans les assemblées politiques, avait mis tout
en œuvre pour prévenir un échec qu'il regardait comme
funeste au pays et à la royauté. L'amendement fut voté.
Le ministre de l'Intérieur, pâle, épuisé de fatigue, quitta
la Chambre, pour y revenir une heure après, et montant
à la tribune : « Messieurs, dit-il d'une voix émue, j'ai
« eu l'honneur de prendre les ordres du roi ; les deux
« projets de loi sont retirés. » La gauche demeura
silencieuse, comprenant son imprudence ; la droite ap-
plaudit bruyamment, croyant à un triomphe, et pendant
ce temps-là toutes les ambitions étaient éveillées ; le
prince de Polignac revenait de Londres ; M. de Villèle
quittait Toulouse et ses amis le croyaient déjà premier
ministre, quand le roi composait un cabinet présidé par
un favori. Enfin, le 19 août, Charles X renvoya assez
rudement son ministère de transaction et de paix, ce
ministère qui l'avait servi avec tant d'intelligence et de
patriotisme, et qui pouvait se présenter à la postérité
sans regretter aucune de ses mesures, sans craindre de
funestes souvenirs. Le lendemain, le ministère Polignac
éclata comme un coup de foudre sur la France directe-
ment provoquée à la lutte contre la royauté.

Vous savez le reste, Messieurs ; je n'ai pas besoin de vous raconter les péripéties de ce grand drame politique, l'émotion qui parcourut la France entière à la sinistre apparition de ce ministère, les sages, mais inutiles avertissements donnés à la royauté par les représentants du pays, au nombre desquels se trouvait M. de Vatimesnil, la profonde irritation du roi dissolvant la Chambre, la réélection des 221, la publication des fameuses ordonnances, la révolution d'un peuple modéré dans sa victoire et ne brisant un trône que pour en élever un autre, les derniers moments de la maison de Bourbon, l'aurore d'une royauté nouvelle, 1830 enfin couronnant 89.

M. de Vatimesnil avait accueilli la Restauration avec enthousiasme, il l'avait défendue avec fermeté, avertie avec courage. Il la vit tomber avec douleur. Sa conduite fut celle d'un serviteur fidèle et d'un homme de bien. Le gouvernement nouveau, plein de respect pour son caractère et d'estime pour son talent, lui fit les plus honorables propositions. Il demeura insensible à toutes les séductions dont il fut l'objet. Il n'était point de ces moralistes qui, sous le commode prétexte de servir leur pays, servent tous les pouvoirs et se laissent, par patriotisme, porter à tous les honneurs. Quelles que soient les explications de ceux qui savent conformer leur conduite à toutes les circonstances et se sacrifier ainsi à l'intérêt de leurs concitoyens, il pensait qu'il vaut mieux n'avoir qu'un long dévouement dans une longue vie et un seul rôle dignement rempli dans l'histoire ; et je louerais cette constance politique, Messieurs, si je parlais ailleurs que dans cette enceinte où je vois tant de nobles

exemples de ce que peuvent sur les âmes d'élite la force
des principes et les exigences de l'honneur.

M. de Vatimesnil demeura député. Il prit place à
l'extrême droite avec M. Berryer. Triste, désenchanté, il
parla peu, mais utilement, et sa modération habituelle
l'emportant sur de pardonnables ressentiments, il vota
quelquefois avec la majorité ; il se sépara quelquefois de
son parti sans l'abandonner jamais. Aux élections de
1834, le pays voulant fortifier le gouvernement et affai-
blir surtout l'opposition légitimiste, M. de Vatimesnil ne
fut pas nommé. C'est alors que celui qui avait occupé des
postes si brillants quitta simplement et sans rancune la
vie publique, et le voilà désormais parmi vous, Messieurs,
vivant de votre vie régulière et laborieuse dans cette
sorte d'asile paisible et hospitalier où les vents con-
traires ont amené depuis tant d'illustres débris de la
politique.

Je me sens aidé par vos souvenirs, Messieurs ; la
plupart d'entre vous se rappellent avoir vu M. de Vatimesnil au Palais. C'était une carrière nouvelle qui s'ouvrait devant lui : l'avocat remplaçait le législateur. Aux
agitations de l'homme politique succédaient les travaux
paisibles du jurisconsulte. Commenter les lois, appliquer
le droit aux affaires, feuilleter le Code et fatiguer des
dossiers pour y découvrir un argument original, rencon-
trer à la barre des émotions qui excitent l'esprit sans
troubler la conscience, tout cela convenait aux aptitudes
de M. de Vatimesnil, à la modération de ses goûts et de
ses idées, à sa parole sans ambition. Il n'eut pas de peine
à se faire une solide et brillante clientèle. On put alors

admirer sa vaste intelligence, sa science qui n'était jamais
frappée d'incertitude, les ressources infinies de son imagination, le choix habile de ses arguments, l'apparence
favorable qu'il savait donner à ses causes. Il parlait sans
effort la langue des affaires, avec une certaine puissance
celle du droit; il était ardent dans la discussion, poussant
impitoyablement les choses jusqu'à leurs dernières conséquences, et par surcroît éloquent, ce à quoi il ne visait
pas. Il connaissait, et à fond, les législations civile,
criminelle, commerciale; les affaires, qu'il pénétrait d'un
coup d'œil rapide et sûr, n'avaient aucun secret pour
lui, et, s'il avait l'autorité du jurisconsulte qui éclaire
les lois, il ne manquait pas des ressources adroites de
l'avocat qui gagne ses causes.

Ses talents, sa probité irréprochable, les honorables
souvenirs qui s'attachaient à son nom, l'avaient recom-
mandé au choix de ses confrères : il prit place au Conseil
de leur Ordre. C'est ainsi que peu à peu, par cet ascen-
dant de l'intelligence et de l'habileté qui s'obtient et ne
s'impose pas, il avait su conquérir un rang distingué
dans le barreau le plus brillant de France, à une époque
où il s'y était rencontré plus d'hommes supérieurs que
jamais.

C'est l'honneur de la profession d'avocat, Messieurs,
de n'être étrangère à aucune science, de toucher à
toutes les idées et de développer les plus nobles facultés
de l'esprit sans les absorber. Rien n'empêchait M. de Vatimesnil de s'occuper tout ensemble de politique et de
droit. Une question de l'intérêt le plus grave, à laquelle
de puissants orateurs avaient donné une grande impor-

tance, se discutait alors à la tribune, dans les journaux,
devant les tribunaux, avec cette généreuse passion qui
est la vie et le bonheur des nations libres. Je veux parler de la liberté d'enseignement. Il s'était formé, au sein
du catholicisme, une sorte d'école nouvelle, pleine de
sagesse dans ses idées et de hardiesse dans ses actes. Elle
se disait libérale, d'autant plus libérale même qu'elle
était plus catholique. Elle était composée d'hommes
jeunes, profondément sincères, qui en étaient l'ornement
et la force. Amie de toutes les libertés, elle réclamait
surtout celle de l'Église. Favorisée par cette admirable
marche des esprits vers le progrès, qui a suivi un instant
1830, elle était dirigée par des hommes éminents. Est-
il besoin de nommer Lamennais, l'abbé Lacordaire,
M. de Montalembert? Elle avait ses prédicateurs, ses
journalistes, ses apôtres. M. de Vatimesnil en fut le
jurisconsulte, et il a certainement rendu d'utiles services
à ses illustres amis. Doué d'un grand sens, judicieux au
dernier point, entreprenant et réservé selon les occasions,
je me figure qu'il a joué parmi eux le rôle d'un homme
qui retient plus qu'il n'excite par ses conseils et son
exemple, et qu'il leur a donné plus d'autorité en les
ramenant à plus de modération. Vice-président, en
1844, du comité électoral de la liberté religieuse, il
a signé d'innombrables circulaires, écrit de savantes
consultations sur la légitimité des associations non politiques, inspiré aux jésuites, par une lettre célèbre
au père de Ravignan, le dessein de résister sur le ter-
rain de la Charte. Quelle activité, Messieurs, et quelle
foi agissante, et si on la compare à notre époque

de désenchantement, quelle époque d'enthousiasme !

Cependant, Messieurs, un regrettable incident qui remplit le Palais d'émotion allait fermer la carrière de M. Vatimesnil. Je n'hésite point, je l'avoue, à vous le raconter. Aussi bien ce fut pour lui une occasion de montrer beaucoup de dignité avec beaucoup de modération et d'honorer notre Ordre en s'honorant grandement lui-même. Un jour, il plaidait à la Cour une de ces affaires qui excitent la verve de l'orateur en touchant le cœur de l'honnête homme. Il plaidait, dans un procès de séparation de corps, pour une femme contre son mari. Il était, comme à son ordinaire, franc, généreux, loyal, un peu brusque ; il parlait depuis assez longtemps avec une liberté entière ; personne ne l'avait interrompu, quand tout à coup le mari de la cliente se lève, et, avec une brutalité inouïe, lui inflige le plus grossier comme le plus méprisable des outrages. Vous voyez d'ici le trouble inexprimable de l'audience. On s'empresse autour de M. de Vatimesnil ; on éclate contre l'auteur de cette odieuse agression. La Cour, justement irritée, s'apprête à délibérer, quand M. de Vatimesnil l'arrête, et d'une voix ferme, avec une grande sérénité d'esprit qui paraissait sur son noble visage, la supplie d'oublier l'injure, comme il le faisait lui-même, et l'auditoire voit avec admiration l'avocat si cruellement insulté plaider la cause de l'insulteur. Eh bien, après un tel langage et une telle conduite, qui le croirait ? la Cour, dans l'émotion où l'avait jetée sans doute cette attaque audacieuse, soucieuse avec excès de sa dignité, désireuse de réprimer promptement, rendit un arrêt qui punissait l'outrage fait à elle-même, sans dire un mot de celui dont l'avocat avait été victime. L'étonnement fut grand. M. de Vatimesnil se sentit profondément blessé. Il salua la Cour sans prononcer une parole et se retira, résolu qu'il était à ne plaider de sa vie devant aucun tribunal. C'est ainsi qu'il abandonna le barreau militant. Sa retraite causa de vifs regrets. On donna beaucoup d'éloges à sa conduite, on essaya de le faire revenir sur sa détermination. Il fut inébranlable. Heureusement il n'était pas entièrement perdu pour la justice.

Que sont devenus, Messieurs, les avocats consultants? Depuis la mort de M. de Vatimesnil, il n'en existe plus. Je me trompe, un seul, que nous voyons souvent au milieu de nous, jurisconsulte inventif et interprète ingénieux du Code civil, passionné pour le droit comme on ne l'est plus guère aujourd'hui, est l'héritier de leurs traditions et de leurs mœurs. J'ai nommé M. Coin Delisle. Qui ne se souvient de l'avoir vu dans cette salle où j'ai l'honneur de parler, assis à côté du président de nos conférences, attentif à nos débats oratoires pour y chercher avec un bienveillant intérêt ce qui est réservé à l'avenir de sa science de prédilection? Mais cette image vivante et si expressive d'une profession disparue est la seule où il nous soit permis de la contempler. M. C. Delisle est le dernier des avocats consultants. Et pourtant ils rendaient de grands services au barreau, ces austères métaphysiciens du Droit. Plus érudits parce qu'ils étaient moins emportés par les nécessités de la vie militante, dépositaires des coutumes sévères des parlements, simples comme des savants et graves comme des magistrats,

ils donnaient aux plaidoiries inspirées par eux et pro-
noncées par d'autres beaucoup de force et une singulière
autorité. Écouter les clients, j'allais dire les justiciables,
avec une attention impartiale, les conduire, s'ils avaient
raison, dans la marche qu'ils avaient à suivre jusqu'à
l'audience, les détourner, s'ils avaient tort, d'un procès
injuste ou impossible, faire entendre le langage de la
morale et du droit, modérer leur ardeur, éclairer leur
raison, toucher leur conscience, parler en conciliateurs
et décider en juges, voilà la mission remplie jadis par
des hommes tels que Tronchet, l'utile ami de Gerbier,
Férey, dont vous avez entendu l'éloge de la bouche d'un
de nos plus brillants confrères, Bonnet, Poirier, Ravez
et beaucoup d'autres non moins illustres. Pourquoi les
avocats dont je viens de parler n'ont-ils pas laissé de
successeurs, et comment cette profession si élevée et si
généreuse est-elle parvenue à s'éteindre? Au nombre
des raisons complexes qui en ont amené la décadence, il
en est une, Messieurs, que je vous demande la permis-
sion de rappeler. Quand, après avoir établi l'unité politique sous la conduite de ses rois, la France eut obtenu,
sous l'impulsion de la Révolution, l'unité de la législation
civile rêvée par Cujas, Dumoulin, Domat et Pothier, à
côté de la loi renfermée dans nos codes se développa la
jurisprudence pour l'appliquer sans servilité et l'inter-
préter sans arbitraire. Désireuses de rendre leurs décisions aussi uniformes que possible, les Cours de justice,
en présence d'une difficulté de droit, aimaient à se
conformer aux solutions adoptées par la Cour suprême,
qui cherchait elle-même à juger avec fixité pour éviter

la contradiction dans ses arrêts et l'incertitude dans les affaires. Depuis Merlin jusqu'à M. Dalloz, il ne manqua point de jurisconsultes pour réunir les plus intéressants de ces arrêts, les classer avec méthode, en rendre la recherche facile, de telle sorte qu'il fût aisé, quelle que fût la question litigieuse, de trouver la réponse donnée par la justice elle-même. Vous connaissez tous, Messieurs, les recueils auxquels je fais allusion. On les obtient à meilleur prix que toutes les consultations du monde, et rien n'égale l'autorité dont jouissent ces manuels des tribunaux et ces guides des jurisconsultes. De quel poids, en effet, peut être auprès d'un magistrat la pensée particulière d'un Cochin, d'un Terrasson à la plume d'or, d'un d'Aguesseau, auprès de ces délibérations anonymes et collectives qui ont la force d'une décision judiciaire ? La véritable cause du déclin des consultations, c'est l'envahissement de la jurisprudence, et on peut dire comme dans un roman célèbre : « Ceci a tué cela. »

Écarté du barreau à la suite des circonstances que je vous ai fait connaître, M. de Vatimesnil fut séduit par le rôle que sont appelés à jouer les avocats consultants. Donner des conseils, diriger des affaires, soutenir des droits, trancher des différends, tout cela convenait à sa vaste science, à la sûreté de son jugement, à la gravité de son caractère. On rencontrait, dans son cabinet, des clients de toute sorte ; c'étaient deux adversaires le choisissant pour arbitre, un avocat demandant des mémoires, un magistrat recourant à ses lumières, de pauvres gens s'adressant à sa générosité. Il écoutait avec attention, comprenait avec promptitude, décidait avec prudence.

Cette tâche si laborieuse, qui consistait à donner des audiences, à faire des recherches, à écrire des consultations, il la remplissait sans lassitude; j'ajoute avec un rare désintéressement. Sa cliente habituelle, c'était l'Église. Pour juger de son empressement à la servir, il faut avoir eu sous les yeux les nombreux mémoires qu'il lui a consacrés. En échange de tant de dévouement, que lui demandait-il? Un peu de reconnaissance. « Je me « suis promis de ne jamais rien recevoir, disait-il, « quand un ministre de la religion me ferait l'hon- « neur de me consulter sur ses intérêts sacrés. »

Ainsi occupé de grandes affaires et de bonnes œuvres, M. de Vatimesnil menait une existence conforme à ses goûts et à ses aptitudes, lorsque les événements du mois de février 1848 vinrent le distraire de ses travaux et le rappeler sur la scène politique. Je n'entreprendrai pas de vous raconter, Messieurs, cette révolution dont les causes furent si futiles et les résultats si imprévus, ni comment tomba un gouvernement libéral dans son principe, honnête dans ses vues, sincère dans ses promesses et qui a eu le rare mérite d'accepter sans réserve et de pratiquer sans contrainte le régime constitutionnel. Je ne parlerai de la seconde République que pour la rapprocher un instant de la Restauration : la République pouvait, selon moi, donner autant d'ordre à la France que la Restauration de liberté, et l'une et l'autre auraient peut-être atteint ce but, si elles n'avaient eu les mêmes coalitions à surveiller et les mêmes ennemis à combattre. Je ne suivrai pas non plus M. de Vatimesnil à l'Assemblée législative, où il siégea avec les hommes du plus beau talent et du plus ferme caractère, au sein de ce parti célèbre qui tenta de rendre au pays la sécurité, la confiance aux intérêts et le mouvement aux affaires; où il acquit peu à peu l'influence que donne dans les grandes assemblées une parole sûre d'elle-même au service d'un grand sens; où, rapporteur de différents projets de lois sur la naturalisation des étrangers et le séjour des réfugiés en France, sur l'abolition des dispositions pénales qui réprimaient les coalitions d'ouvriers, sur l'assistance judiciaire, le régime hypothécaire, l'expropriation forcée, l'organisation des communes en France, il porta à la tribune, avec la connaissance approfondie de notre législation, les raisons d'un homme d'affaires et les aperçus d'un homme d'État.

L'honneur, et, pour ainsi parler, l'unité de cette longue existence que tant d'événements ont remplie sans la dominer, c'est d'avoir été consacrée sans partage au droit, à la justice, à la vérité. Je le disais au début de ce discours; je le répète en finissant et je le prouve.

Au nombre des représentants du peuple qui se rendirent à la mairie du Xe arrondissement pour protester contre la violation de la Constitution et la dissolution de l'Assemblée, se trouvait M. de Vatimesnil. Il conforma sa conduite à celle de ses illustres et honnêtes collègues; il sut joindre beaucoup de fermeté à beaucoup de douceur. Portant une valise à la main, enveloppé d'un grand manteau, la tête couverte d'un bonnet de soie noire, il paraissait aussi tranquille que s'il allait faire un voyage; et on m'a raconté que ce vieillard, habitué aux douceurs d'une vie opulente, n'avait cessé de montrer une sérénité inaltérable et une touchante bonhomie, accomplissant ainsi son devoir avec cette simplicité qui est l'accompagnement du vrai courage et l'ornement de la vertu.

Nous allons encore trouver l'occasion d'admirer l'attachement de M. de Vatimesnil au droit et à la légalité. Ainsi, après les décrets du 22 janvier 1852 attribuant à l'État les biens de la maison d'Orléans, il rédigea avec MM. Berryer, Odilon Barrot, Dufaure et Paillet une de ses plus belles consultations, où, établissant avec une irrésistible évidence la compétence des tribunaux ordinaires et l'impossibilité pour l'administration de juger une question de propriété, fixant le chiffre exact, montrant l'origine pure de la fortune patrimoniale de ses augustes clients, mettant les raisons de la morale au-dessus des convenances de la politique, soutenant qu'on voulait, non pas restituer, mais confisquer, invoquant à l'appui de son savant système et les maximes du droit public et les règles de l'équité, il exposait avec grandeur, discutait avec feu, concluait avec force et plaçait sa cause sous la protection du plus sacré des principes : l'égalité de tous devant la loi. M. Berryer s'écriait, avec son incomparable éloquence : « J'aurais cru manquer à « l'honneur si je n'avais pas répondu à l'appel qui m'a « été fait. Je regarde d'être intervenu dans cette affaire « et d'avoir signé la consultation comme le plus beau « couronnement, et, je le dirai avec orgueil, comme la « récompense de ma vie entière. » M. de Vatimesnil pouvait se rendre un semblable témoignage ; il pouvait, lui aussi, se féliciter d'avoir oublié ses ressentiments en présence du malheur à défendre et d'un droit à protéger.

Les dernières années de la vie de M. de Vatimesnil s'écoulèrent dans l'exercice de sa profession, l'étude des belles-lettres et la pratique de la charité. La politique l'intéressait toujours sans l'absorber. Membre du Conseil général de l'Eure depuis 1830, il ne cessait de s'occuper des intérêts de son département. A l'exemple des grands jurisconsultes, ses ancêtres, il se délassait des affaires par la lecture des plus beaux écrivains de l'antiquité. Il composa pour la collection Panckoucke une traduction estimée du *Traité de la Clémence;* il publia dans le *Correspondant* d'intéressantes études sur M. Hyde de Neuville et sur Mme de Créquy, et en dernier lieu, un remarquable exposé de l'Action du Christianisme sur les lois. Il usait libéralement d'une fortune honnêtement acquise. Il élevait ses enfants avec tendresse, les dirigeait avec autorité, et leur était un exemple de sagesse et de piété. L'âge n'avait point affaibli ses forces ni diminué ses facultés. Vous vous rappelez ce vieillard, grand, vigoureux, d'une physionomie si noble et si bonne, et que n'avait pu atteindre aucune infirmité. C'est ainsi qu'entouré du respect et de l'affection de sa famille, il menait, tantôt à Paris, tantôt dans sa terre de Normandie, une existence heureuse et honorée, quand un cruel malheur vint déchirer son cœur et briser son énergie. Mme de Vatimesnil mourut en 1858. Il perdait en elle la compagne de toutes ses joies et de toutes ses épreuves, celle qui avait charmé sa jeunesse par les agréments de sa personne et de son esprit, embelli le milieu de sa vie par la constante élévation de son caractère, et répandu sur la fin de ses jours une douceur infinie. Quand je demandais, Messieurs, quelle était la maladie qui avait emporté M. de Vatimesnil, on me répondait : « C'est le chagrin que lui a causé la mort de « sa femme. » Depuis ce temps en effet il était comme désenchanté de vivre ; il sentait sa fin approcher avec la sérénité que donne la foi. Le 10 novembre 1860, à six heures du soir, comprenant que l'instant suprême arrivait, il fit venir un prêtre qu'il aimait, il appela ses enfants, il demanda qu'on priât pour lui, avec lui, autour de lui, et c'est pour ainsi dire du sein de la prière qu'il rendit son âme à Dieu... On trouva dans son testament ces admirables paroles : « Je recommande à mes enfants « d'éloigner de mes obsèques tout ce qui pourrait res- « sentir la vanité ; je désire qu'aucun discours ne soit « prononcé sur ma tombe : quand un chrétien compa- « raît devant le Juge suprême, la voix du prêtre qui « implore pour lui la miséricorde divine doit seule se « faire entendre. »

Ainsi finit, Messieurs, un des hommes sinon les plus considérables, du moins les plus estimables de ce temps-ci. Ferme d'intelligence, modéré de caractère, irréprochable de mœurs, honnête dans ses sentiments, inflexible dans ses convictions, il a laissé parmi nous la réputation d'un habile avocat et d'un savant jurisconsulte ; quelques-uns, parmi les maîtres de l'éloquence, ont pensé avec plus d'élévation, écrit avec plus d'élégance, parlé avec plus d'éclat ; mais il était renommé pour les brillantes ressources de son imagination, l'impérieuse logique de ses raisonnements, la dextérité avec laquelle

il conduisait à travers mille écueils une affaire perdue en
d'autres mains que les siennes. Si la science des lois a des
profondeurs où d'autres ont pénétré plus avant, s'il s'est
élevé moins haut dans les régions historiques et philoso-
phiques du droit, il a enrichi par ses recherches la pratique contemporaine, il a fait de son savoir un utile
usage en l'employant à donner plus de fixité à la jurisprudence, qui est comme le complément du Code civil.
Un peu vif, un peu irritable même avec ses confrères, il
a été, avec les magistrats, respectueux et digne ; avec sa
famille, doux et humble de cœur ; avec ses amis, tendre
et dévoué, et jamais il n'a cessé d'occuper par ses travaux, de régler par ses devoirs, de remplir par sa
charité une vie longue, pieuse, honnête. Au moment
de nous séparer de M. de Vatimesnil, n'oublions pas,
Messieurs, qu'il a traversé un demi-siècle de révolutions
et de crises sans changer ; que rien n'a pu ébranler la
constance de son âme ; qu'il a gouverné en généreux
politique, vécu en homme de bien, constamment agi
en serviteur de la liberté réglée par la loi et de la civilisation conduite par la pensée ; et puisse-t-il nous servir
d'exemple, du fond de la tombe, cet éminent et regrettable confrère, qui a su réunir en lui l'indépendance de
l'avocat, l'élévation du ministre, la dignité du magistrat,
le courage du citoyen et la modération du sage !

PARIS. — IMPRIMERIE DE J. CLAYE, RUE SAINT-BENOIT, 7

IMPRIMERIE J. CLAYE — RUE SAINT-BENOIT, 7 — PARIS